Sult

Berith Mosbæk

Sult

Forlag: Books on Demand, GmbH, København, Danmark

Tryk: Books on Demand, GmbH, Norderstedt, Tyskland

© 2014 Berith Mosbæk

ISBN: 978-87-7145-839-8

SULT

Før jeg taler mig ihjel
må jeg så lige sige noget?

Den kommende måne

Den kommende måne
elsker mig

marv og ben vækkes
kaldes og pirres
vil lege læg dig på ryggen

jeg vil sove ikke rotere
og danse nu

den svimle måne råber
spred så dine ben
det er næsten lyst
og du har lyst

jeg roterer
omkring strålen af månevæske
i kaskader af sædfluer

og der fødes stjerner i natteroderi

Persienner kan du slet ikke stole på

Det er ikke alle gardiner
der blafrer

måske er vinduet ikke åbent
eller også har de metalbånd
forneden

hvis det stormer udenfor
og dine gardiner er ligeglade
foregår der noget du ikke ved

Agility

Jeg kan elske dig
på kommando
fordi det bliver sagt
hvisket og skreget

jeg kan hade dig
på kommando
når du råber
skriger og peger

jeg kan grine
på kommando
af den dårligste vits
jeg har hørt
fordi du ser
den for dig

jeg kan græde
på kommando
når du ikke ser
mit indre barn

jeg kan skrige
på kommando
når du forsætligt
kører mig over
og lister fra revner
der opildner
til poesi og
sårlighedslege

jeg kan undres
på kommando
over at kilden
til din poesi
kan give så mange
skrammer i lakken
på en ellers holdbar fernis

jeg kan vente
på kommando
på flirtende frodige
forårsfrierier

jeg kan lære dig
en kommando

DÆK

Devil's Rock

I en rus af djævleklippe
venter jeg på at blive ædru
der er kanter af uslebethed
og ubarberede ben

en kastreret kat vil kæle
hvad tror han selv?
mine strømper er fløjet
på ryggen af nylonheksen
nu er jeg nøgen uden creme
ihvertfald på ben med hår

jeg er døgnskumring
der venter på hundedage
jeg har katte uden boller
én letter ben op ad mine lægge
det pisser jeg på

jeg lider at lettere inkontinens
så nu er jeg våd i trusserne
og på uskrabede underben

Ovid

Narcissos
så heltesmuk

på din egen sø
i en pynt, en pyt
spejler du ekkoer
fra alt brændt, forsaget
og forsagt

og du drikker af dig selv
fortrylles af dit troldspejl

mens nymfen
finder huler i bjerget
og flyver mod toppen
visner du og fødes
til påske i en gul
liljes dragt

dit begær er dødt
men din krave stråler

Hvorfor ringede du ikke i forvejen?

Den morgen kærligheden bankede på
vendte jeg mig bare om
på den anden side i sengen
i sikker overbevisning, at det var en
incassoregningsfascist
en indsamlingshellig
gloriefilatalist
eller messingskiltepudseren
der dagligt pudser sig
på dørtelefonen

det kunne også
ha været beboerklager
over at jeg havde sunget for højt
på altanen i for små trusser
på det forkerte tidspunkt
eller i for store trusser
selvom ingen har sagt
hvornår og hvordan reglerne er

Så lå der på måtten
bare en lille seddel
fra Dr. Love

"Hvis du vil
mærke mig
skal du lukke op"

og nu har jeg ikke hans mobilnummer

Hjælpdog

I nat er jeg for grim til at være vågen
regnbuen er grå

der er ingen farver i ingenting og alting
paletten er udtørret acryl

jeg har et rødt sår på skinnebenet
men det gælder ikke
for det er bare et sår, alle kan gå og ha

jeg mangler rigtigt blod
kropsvæsker, skader og tanker i neon

hvem har farver, der kan falde mig til ro?

Slud

Det regner, men jeg regner ikke med dig
for du har krydset fingrene og dine ben
i en frostlås

når det tør, tør jeg ikke stole på, du smelter
for du har oppustelige luftlommer
fra gemt sol

selv om du skinner, brænder du ikke igennem
du gemmer knuder til koldere tider
i et skur

du bliver hele efteråret i annekset
med dine planlagte våben
i dit skød

i ly fra himlens sne skutter du dig
i hulen med afværgende strategi
og venter

Trangt

Alle kager jeg bager er fyldt med hår
fra katte, ræve og øjenbryn
i totter

alle måltider jeg fortærer er frokostretter
morgen, middag og aftenfrokost
med snaps

mine kjoler er for stramme og fyldt med møl
sommer, vinter og efterårsmøl
med tyl

mine biler er skrammede og tilskraldede
af fransk hotdogpapir og p-bøder
i plastic

alle mine digte hoster slim og blod
med mavesæksuroligheder
i tarme

mine kys suger kopper på hud

Hjælpemidler

Jeg købte en drømmeseng
så lå jeg der og ventede
på leverancen

ikke en eneste lille drøm
eller mareridt
kunne den ryste af sig

nu sidder jeg
på min marokkopude
og ryger en fed
mens jeg venter på
et trip til Afrika

i morgen vil jeg købe
en hoppeborg
så alle nethinder
og drømme
kan rystes på plads

Hvidt snittede tanker

Når jeg forsøger
at slå hovedet på sømmet
skal jeg bruge de største plastre
siden anden verdenskrig

jeg desperadoer rundt
efter åbne apoteker, ansigter
og alle andre, der vil hjælpe

mens sømmet
i panden mod en mur
baner sig længere ind

rød tegl snitter mig
lige der, hvor stor-
og lillehjernen mødes

i et reptilsk solar plexus
lytter jeg efter et argument
der kan negle og nagle dig

Melodier

Hvorfor kan du ikke bare
tage min hånd
og skride væk med den
uden at anholde, anmode
eller anklage?

hvorfor kan du ikke bare
åbne mit hjerte og blotlægge
den blodhamrende puls
uden sitrende
øjenbryn?

hvorfor kan du ikke bare
sprede mine munde og råbe
på tilbagemeldinger
i alle tonearter og farver?

hvorfor kan du ikke bare
se jeg hvisker så højt at
spalter hviner og vædes?

hvorfor skal jeg stille
så mange spørgsmål
og gætte så mange svar
hvis du kun lytter til
dine egne melodier
i mol?

Tinnitus

I en gammel slagtehal
sidder jeg og lytter efter
alle de skrig der hænger
i krakelerede fliser
og terrazzoflækker
blod der plasker
fra hule halsknive

afsvedningstromler
afbrænder hår på alle ben
så megen pink puls
forsvinder i afløb
hvor alt kan
pakkes ind
pakkes om
pakkes ud
sælges og
eksporteres

på nær skrigene
dem må vi selv
holde styr på

Husgeråd

Findes blånelse stadigvæk
hvis éns hvide løgne
efterhånden har fået
et gråligt skær?

kan en frisørsaks
klippe i skarpe hjørner
hvis argumenter
er blevet flossede
i kanten?

jeg har prøvet
at puste løgnen op
for at gøre den så usandsynlig
at den bliver sand

må indrømme
at jeg mest graver
lystighedshuller
hvor alt karrusellerer
min have om til
et gigantisk muldvarpeskud

Migration

Din sværm af løgne defilerer forbi
som millioner af gnuers årlige vandring

fra endeløse sletter af fortæret græs
sex, kys og tillid søger du nye sletter
i din alliance med andet stribet vildt
du bruger som øjne

din sultne lugtesans sveder
mens dine gazelleveninder
hopper, springer og danser dig
over kontinenters muligheder for nye alliancer
frisk champagne og våde øjne med ble

jeg vander græsset og venter på
du kommer tilbage

Alle gode digte kommer af kramper

I følelse af ufri glæde
og latent henrykkelse
sidder jeg på en bagtrappe
bag Nyboder og venter
på en alvorlig inspiration

en afhugget hånd
en død hund
et punkteret dæk
en madforgiftning
som kan sende
mine digte ud over
gadedrengehoppeniveauet

i morgen tager jeg til
Ishøj

Ridser

Som en færøsk Barbara
myldrer hun frem

træder
tromler
tuder
tryner
og toner
alle følelser frem i forbudte mænd
og deres koner

når de ligger med åbne munde
og knæhaser
græder hun dylansk
fordi hun glemte at se
at der var andre spejle

Absentia

Hvis du har valgt at lægge dig til at dø
kan du så ikke lige ringe og sige
hvor langt du er med dit projekt?

eller send en sms og fortæl
hvor jeg skal lægge dine nøgler

skal jeg ombinde dine altankasser
til en bårebuket?

der må være en kommunikationsvej
via en eller anden sky

Knuder

Mens du fletter fingre med dig selv
beundrer dine barberede negle
og englelignende leverpletter
drypper dit mundvand fra læber
der engang kyssede feer
og hvad der ellers fløj forbi

du bladrer i forkølede minder
i hjernehalvdele som er lige så flettede
som dine hænder
og årerne på din underarm

du kigger ned på dine sammensløjfede sko
forbundne kar i knuder
der forhindrer alle rejsninger
og rejser

hvorfor har du viklet dig ind?

Elastikliv

Alt jeg forlægger
kommer igen

tabte ørenringe
mødomme
løfter og løgne

derfor får jeg
ondt i ryggen
og bygger
større skabe

Natteliv

Jeg gik hjem
fandt ud af
at jeg havde tabt min kjole
på vejen
havde ingen nøgle

den lå i venstre brystlomme
sammen med min uskyld

avisbuddet stod allerede på fortrappen
fyldt med gamle nyheder
og flade dæk

mens han gloede på
mine bare bryster
lukkede han mig ind
med et klap i røven
og et aftryk på måtten

draperet i søndagsavisen
endte min nat omklamret
af skæv typografi og ulæste debutanter

Kropsarena

Tankebrændende hjerte
kysfryser min hjerne

nedstrygningsmodstand
opdriftsivrighed
og drifter i vold
slås i min skal

af blå ruter ruller kampe
krydser blinde veje

spaghettiårer styrer
og leder vejen fra hjertekammer
ud og hjem med frisk ilt

jeg crawler og kravler
endnu en tur

Mærksom

Første gang jeg mistede min mødom
hørte jeg det ikke
så bare en sprunget elastik
ligge på etagen
mellem fjerde og femte

anden gang jeg mistede min mødom
havde jeg sprækker i hjernen
og skorper på halsen
svedighed i et krøllet lagen

tredje gang du skød mig
gik der ild i persienner
og der var røg

så begyndte jeg at slukke branden
i kaskader af det vådeste vand
og du stod med din paraply
og duggede briller

spurgte om vi skulle se en film

Teleskopisk

Jeg lægger hovedet på skrå
indstiller mit syn i et zoomerisk øjeblik
ser duggede briller af tårer fra i går
tagrender er tilstoppede af spirende frø

Overlever

Med hundrede år på røven
og nummer ti i køen
venter jeg på lommer af luft

overspringshandlinger
følelsessaltomortaler
der ruller mig rundt
ruller mig videre
lægger mig på skjoldet
med tre ben strittende
mod syd

i fedtede sliptrømme
af virusiøse håb
mister jeg overblikket

jeg hopper
langs hegn af afblomstrede roser
med en torn i panden

Hyttemig

Der er for mange fiskefrikadeller i mit liv
selvom de fleste er med laks

lysene kan brænde i otte timer
mens jeg sover i fire

så er der selvfølgelig alle strutskørterne
med løgnehistorier i tyl
og alle vitserne fra brede hofter

kroppen oprører sig som en forsømt tøs
og kommer hjem med blå mærker og læbebid
hælen knækker på stiletter

alligevel kan jeg røre en mayonaise fra bunden
og give dig tørt på

Sult

Du strejfer omkring
græsser alle nye enge
nipper nyfødte skud
din appetit er tøjlesløs

tømmen i din hånd ender
om andre halse
og vi elsker det
og vi elsker dig
og din hede ånde
fra sidste stop
i nakken og i øret

dine tænder på halsen
vidner om nærhed og sult
og jeg er den
lige nu er jeg den

min hud frygter dit bid
men frygter mest øjeblikket
hvor du løsner dig fra min hals

Du er hurtig ved havelågen

Du er hurtig ved havelågen
alt efter hvem du venter på
at byde indenfor eller sparke ud

olympisk rekord i
menneskelig ekspedering
det er også noget

men fliserne i havegangen
er knækkede og ligger på lur
for bare én gang
at overraske dine ben
mærke dit blod
og dine tårer
i de tørstige græssprækker
hvor din appetit
har søndertrådt andres håb
og bønner

udjokkede, nedtrådte
og afskallede minder
er gemt i revner i asfalt

det bliver sagt

Løfter

Med det yderste af neglene
holder jeg fast i din læbe
uanset hvilke grimasser
du skærer
findes jeg her
lige under næsen på dig
jeg bider i din venstre kind
suger mig fast

du mumler
jeg skal lade dig gå

du kan bare gå, kom
et to et to et to
det er ikke dine fødder
jeg holder

du sagde selv, du elskede mig

Gydemåne

Du har lige
født et ocean
af horeunger

i ny og næ af ligevægt
spytter du sanser ud
på et himmelhav
uden navlestrenge
og skumsprøjt

små sædceller
kildrer min rygrad
mens min hals sidder på taget
og hyler efter dig og alle andre
små sataner med vinger

Flygtning

Du kan da ikke bare lægge en seddel
og skrive du er gået væk
det kan alle jo gøre

hvorfor tog du alle nøgler til huset
og smækkede døren
når karmen er løs og skorstenen stram?

selv om du har tabt mig ni kilo
sad mine lår fast på vejen til kaminen

fint du havde givet katten mad
med du skylder en forklaring
og en Rukonøgle

Hørligeefter

Mens jeg sætter plaster på dit knæ
skal du ikke sparke mig over skinnebenet

når jeg lytter til dine kvaler og svarer
skal du ikke mute mig

hvis du giver mig blomster
skal de ikke være tørre med frodige torne

afskærer du mig med en rusten kniv
er det også din blodforgiftning

og alle dine kærlighedsdigte
brænder i tønden i haven, ikke i min pejs

Once upon a time

Engang var der lys
lejligheden var rummelig
syrener i vaser nåede aldrig at visne
dit smil var større
tindinger dækket af fyrige lokker
og vi lokkedes
uden at skænke mørket en tanke

dengang behøvede vi ikke
tænde lys for at få ild
den blev vedligeholdt og pustet til
vi kendte slet ikke
ord som agenda optik og samtalekøkkener
vi talte bare ind og ud af hinanden

vi åndede os gennem
varme, hede og utøjret latter
vinduerne duggede ånd af rytmisk puls
og Dylan

It takes a lot to laugh

da du begyndte at købe gule tulipaner
blev grammofoner støvede og
lp'er fyldte for meget
kanstanjetræer trættedes
i brunlige nuancer

ruder dugger ikke længere
selvom der er blevet koldere udenfor

It takes a train to cry

Epilog

Jeg sidder på kanten af en seng
jeg faldt over på vejen

stadig lidt varm næsten fugtig
lugter den af to på samme tid

drømmerester i hør
knitrer fra pudevår
sæd stivnet i glasurpynt
på lagen

bloddyne vidner om intensitet
der er hår på kommoden
fældet i akten af alting

der er glas på stilk af læber
i ly af nedbrændt stearin

Vælt mig

Vi elsker
ting der sprænges
splintrer, eroderer
stormråd, forsikringer
og aftaler skyllet bort af en vind
på kanaler fireogtyvesyv

så sker der noget
der er væltet et træ på mit tag
men træet skulle fældes
taget skiftes
min frisure er vild
uden hårlak
mine kinder røde uden rouge

Tarantino gå hjem
baldakiner er balkjoler
i et himmelsyn
som ingen kan digte eller filme
jeg svømmer
i en druknet båd

Omen

Da jeg lagde mig på nyanlagt asfalt, tænkte jeg først
om jeg skulle ligge på ryggen eller maven

på maven ville jeg kunne mærke varmen fra asfalt
og høre rytmer af liv og varsler

jeg endte med at lægge mig på ryggen
så jeg kunne se hvem der kørte mig over

Ressourcer

hvor mange politibiler
kan forfølge én
på Tagensvej
en tirsdag aften
bare fordi man har drukket
en flaske vodka
og tre flasker champagne?

kan de ikke jagte de rigtige forbrydere
der får én til at flygte?

Digtonanistens kvaler

Først skriver jeg et digt
Nej...først tager jeg et spejl

undskyld forfra

først tager jeg trusserne af
og finder nye på snoren
lægger dem på taburetten

så tager jeg et spejl
sætter mig ovenpå

øjeblik skal lige finde mine briller

jeg tjekker de nye trusser
på taburetten
sætter mig på spejlet
med brillerne på

det er fedtet

henter sprut i glasset
pstflaske under køkkenvasken
og servietter fra Ikea
pudser alle glorier
tanker og facetter til klarhedstid
og ser, at jeg har glemt min blok

så henter jeg papir, man kan skrive på
og brillerne observerer
mens jeg sætter mig
overskrævs på det glasfokuserede
kolde spejl

og der er så mange kløfter
at jeg digter om landskaber
jeg ikke selv har set

og mine øjne dugger
om spejlet jeg sidder på

vi kan ikke få luft
for ordene flyder sammen
fra den røde pen, som ikke er vandfast
og om lidt føder vi os sammen

og du gyder et ord i min hule

Opgradering

Jeg lå på briksen
og fik diagnosen
alt fra isse til fod
skulle syes om
til en ny skærm
et nyt skjold
uden huller
eller ridser i frakken

et kryds på ryggen i korsting
og et hjerte i stramaj
stod der i brevet fra plastiklægen

men det var juni
og en fugl havde
lige bygget rede i mit hår
uden at pippe over tørre spidser

og det blev august
inden den fløj fra reden
min krop var brun uden synlige ar

i november brændte
plastikbrevet i min kamin

Når lygterne tændes

Slagt alle forfængelighedsflasker
i din kælder

puds dit spejl i din åndes sprittede em
og se det barn i øjnene
som så længe har overlevet
ombundet af kork fra dyre flasker
trukket på silkesnor

du er den fødte svømmer i det frieste vand
afpadlet vokser din krop sine årer

Vender vinden

Vender vinden
vinkelret
på solen
så den føntørrer
mit hår
i bølger fra havet
som jeg
svømmede i lige før

med en krabbe
fanger jeg ord
fra blade
og nedfaldne aviser
og ridser dit navn
i stammen på
den gamle eg

og du puster liv
i alle brugte reder
mens jeg syr vinger
af spurves dun

Kom

Læg dig på ryggen
ved siden af mig
på min pude
så jeg kan høre
din hud

langs min læg
mit lår, hofte
talje og sideben
skal du pulsere
så jeg ved du går
i takt med
dine tanker

og nej
du skal ikke tale
du skal ikke lytte
til andet end
dit eget blod
og det lokkende brus
fra muligheder
der vækker dig
når du helst vil sove

Damforbrug

I min egen sø
er vandet så tykt
at man kan gå på det
en smoothie af tang, lort
og støvler uden snørebånd

i min egen sø
er spejlet så blankt
at det skinner i øjnene
og svanerne
er fløjet for længst

i min egen sø
svømmer sælers sjæle baglæns
mens jeg i pels
kaster sild fra kanter

i min egen sø
er livredderen på barsel
for at amme
en fisk med vinger
og en engel med finner

For tre cigaretter siden

For tre cigaretter siden
låste jeg mig ind i min lejlighed
det vil sige, døren stod åben
altså ikke på klem

og så lå der en vinduespudser
på min sofa i bar røv og sokker
med min mors hæklede tæppe om benene

tæppet var pink
ligesom hans lår
og jeg sagde: Undskyld!?

og han sagde
det er helt i orden
henter du mig en bajer?

hvad laver du her på min sofa?
spurgte jeg
mens jeg åbnede hans øl

jeg har ikke bestilt vinduespudsning!

nej, men det gør du fra nu af!

Sprækker

Kys mig
lige der
hvor alt brænder
sammen

der hvor
flyvehavren har
plantet sin sæd
og er begyndt
at spire
og gro

uden jeg
har set, hørt
eller mærket
noget
som helst

der hvor jeg
ikke engang
har lugtet
tegnet på væggen

Forbrug

I kø ved samlebåndet
venter jeg på
at blive taget
i hoved og røv
smidt op på
karussellens
klæbrige bånd
samlet, befamlet
og testet af tryk
fra ruskemaskiner
for at ende i en
papkasse
frankeret til
månen

Forårsfrier

Jeg vil ha dig
mens du vågner
endnu ikke selv
har set dine fjer vokse

skovens Tornerose
sov i halve år
stynet af
barske vinterhænders overgreb

du vågner
fra frostnarkosens
bedøvende kappe

dine spæde blade
kildrer min næse
din pollenorgasme
rammer min livmoders væg

jeg trodser tjørnen
og kysser dig
snart skal vi
høste frugten

Natteridt

Når jeg om natten
rider på min hvide hest
over skiffertage
og falsk mansard
hører jeg gennem skorstene
og utætte rør
hvisken, tisken
og korpuleringsstøn

men også elskovsbønner
til alle guder
og afguder
der findes

så spidser jeg mine
håbefulde ører
i forventing
om at blot
én af dem
rammer mig
hvor mit sår
er åbent

Korpus i anden potens

Udskæring eller ej
alt drager mod syd

på nær mig
jeg bliver

med stivere i bh'en
og økonomiske smil
på læberne

tror jeg holder weekend
i Køge

så kan stiverne
holde cyklen imens

Opskrift

Hej, har lige fundet min nedsunkne livmoder
den lå foran containeren

det var fandme heldigt, inden storskrald
jeg tror ikke der var plads til
gamle skarnsunger i svøb
så nu har jeg taget syltekrukken frem

aflad kræver god marinade

Tvist

En snøret flue i baldragt
rammer spejlet i ryk
for det er tid

skjulte fiskegab venter
på snacks fra himlen
duellerer om byttet

måger skider på det hele
men er beredt på rester
elsker i strømme
af sult, erobring og fortæring

Nicoretogvrang

Jeg har lige røget
et gammelt digt
der gik ild i det
med det samme
og så gik der ild i mig

altså ikke sådan falckagtigt
mere holddaophuskeagtigt

minder, meninger
menses, måner
momenter
og monumenter

men også
må det aldrig
fåenendetanker

Go to sleep my little baby

Mit søhår
slikker dine
tørre fødder

omklamret af
kork
luft
følelsessnorkel
og en
øreprop

står du der
på bredden

venter
på ebbe
og nye
sirener

Du sagde selv

Du lovede ikke at dø i beskidte lagner

du sagde, at alle dine strømper var sorterede
og foldede som brevene
i din sekretær

at alle dine segl ejede lak
der blot skulle varmes
i hænder eller mellem jomfruers lår

dine cigarer er tempererede
mere end huden på din ankel
og sårene på dit knæ

skægget rasper som tage af pap
sortere og længere
end dit sidste suk
mørkere end lydene
af den gren du klatrede i som dreng

du ligger som det barn
du altid var
og jeg kysser din kind

Søndag klokken ti

Min bøn er bare
om du gad kravle ned
af min ryg

så opfolder jeg alle mine
hænder om din nakke

tager nålene ud
af voodoohundene
og ringer ind til næste
bønnemøde

synger en ny salme

mens du i koret
holder et andet lys

Til lykke

Du må godt tro
du er noget
når alle vælter ind
ad din dør
klasker dig i røven
spiser din mad
drikker din most
mens de skider på måtterne
foran din og naboens dør
hiver en artikel ud
af Weekendavisen
og låner din bibel

når de bagefter lægger
sig i alle dine andre revner
ammer dine børn
og kysser din mand

så ved du
du er elsket

Bliv

Du lyser i mørket
selvom der ikke er flere
elpærer

taler ind i andres søvn
når porten er lukket

du griner så højt
at latteren forskrækkes

danser jordens
rundgang

og du ved ikke selv
alt du kan

du hopper videre
i langskaftede strømper
et æble med en orm
og en løs fletning

Ikaros

Jeg har aldrig set dig smukkere
end da du fløj tæt på solen
og dine skrig brændte dine vinger
du farvede morgenen rød

vi tav, mens du skreg

har aldrig hørt dig mere tavs
end da din ydmyghed bragede igennem
alle de mure, du endnu ikke havde væltet

vidste ikke du kunne lænses
af deltaindlejringer på en kind
når jeg bed dig for sjov

troede aldrig du så mig
for alvor

En blonde

Hvad fanden tænker du på
har du tænkt på det?
det er dårlig stil
sådan uden videre at komme væltende
med to flasker gin
og ville sove på min sofa

der må være en blonde
du ved, jeg ikke drikker gin
og min sofa skal ombetrækkes

det skal jeg også

mine øjenlåg er nedsukne
min mave skrider
jeg har mus i knæene
kattene skider dem et stykke

du kan sove
i campingvognen
hvis du betaler for strøm

News

Når jeg en dag
sover rigtigt
igennem
gider du så
lette på
lemmen

fortæl mig
om digte
og poesi
luk låget
forsigtigt i

Hvornår

Skal vi lægge os ned
og dø sammen
mærke ophøret
råbe i fire ører
og hænder?

når vi lukker
alle vores øjne
er det kun os to
der ved hvordan
virkeligheden så ud

Himmelsk

Når gæsterne er gået
åbner jeg den franske altan
og alle vinduer
lægger mig nøgen
på den hvide dug
og venter

mens fuglene
tømmer damasken
for nattens krummer
drikker jeg
champagneslatter
i en levende
fjerdragt

Ydmyg

Flagstangen kender
sin plads
som plænens hersker
tager ingen
tilsyneladende notits
af birketræernes
frodighed
der i konturer af
sølvplettede åreknuder
velvilligt breder
armene ud
for at bære
havens fugle

Manifest

Jeg holder ikke op med at ryge
så stopper mit netværk
med folk der siger sjove ting
og sidder på en bænk
med gule hænder
og sorte tænder
hæse stemmer
der giver historien liv
rygerlunger og kol
fyldt med minder
fra steder jeg aldrig kom

jeg deler lighter
og fortov i regn
med højhælede røde læber
der suger i smug
på cigaretter
mens manden betaler benzin
på tanken

jeg holder ikke op med at ryge
for jeg vil bommes for en cigaret
af en mand i jakkesæt
i London

en bumset hemmelig teenager
med lovning
på kørekort

jeg vil stå på trappen
med kokken på Noma
efter sidste ret og sige intet
om det vi begge ved
mens stille røg viser vejen hjem

Kom

Lad mig sigte dine drømme i mit hår
bære dig på hovedet
i en valk
holdt sammen af fantasinåle

uaflusede mareridt, syndige tanker
og begær efter lærerinder
i stramme pebermynteskørter
alt bærer jeg for dig

lad mig så undersøge din drømmeløse krop
fylde den med virkelige hænder
tunger, spyt, savl og sekreter fra mine åbninger

jeg bærer dine fantasier i mit hår
mens jeg erobrer din parate krop

Teater

Jeg er forelsket i masker
jeg er forelsket
i ting jeg kan pille af
lagpålag-mennesker
der er tynde udenpå
og helt tykke indeni
buleribukser-nysgerrighed
efter sandhed
der måske slet ikke findes
som orme i anakondadragter
og små katte der er tigre

krakelerede masker
med hud i laser
der bløder udad
blod der ætser papmache
og forvandlingsblod der omfavner illusioner
nedstøbning og forening af håb
om været
og pergamenthud
alt det elsker jeg sandest

Ind

Jeg lufter meget ud eller
jeg lukker meget luft ind
snuser til lydene fra tagene
lytter til væggenes tale

jeg går meget lidt ud ad døre
jeg kan bedst lide at gå ind
kravle igennem indvendige skakter

i virkeligheden findes alt
bag alle døre og porte
vi ikke ser det samme
selv når vi ser det sammen

lyset i krogen
og en krog i loftet
hvor nogen måske har hængt sig

det er foranderligheden
og duften af timerne
spejlet der gror
dit ansigt anderledes

en dynes svale betræk
eller klamme favntag
billeder af en gang med malerier

en gyngestol
med uldne historier
og hæklede plaider

inde bag døre er der
krogede hænder
sange med dobbelt a
og navneord med stort

alt bliver ved med at findes
i et hus med karnap
og vinduer
der luftes
og hælder nye historier
i et gammelt hus